skola - 学校	2
ceļojums - 旅行	5
transports - 輸送	8
pilsēta - 都市	10
ainava - 風景	14
restorāns - レストラン	17
lielveikals - スーパーマーケット	20
dzērieni - 飲み物	22
ēdiens - 食べ物	23
zemnieku saimniecība - 農場	27
māja - 家	31
viesistaba - リビングルーム	33
virtuve - 台所	35
vannas istaba - 浴室	38
bērnu istaba - 子供部屋	42
apģērbs - 衣服	44
birojs - オフィス	49
ekonomika - 経済	51
profesijas - 職業	53
instrumenti - 道具	56
mūzikas instrumenti - 楽器	57
zooloģiskais dārzs - 動物園	59
sports - スポーツ	62
darbības - 活動	63
ģimene - 家族	67
ķermenis - 体	68
slimnīca - 病院	72
ārkārtas gadījums - 救急	76
zeme - 地球	77
pulkstenis - 時計	79
nedēļa - 週	80
gads - 年	81
formas - 形	83
krāsas - 色	84
pretstati - 反対	85
skaitļi - 数	88
Valodas - 言語	90
kas / ko / kā - 誰 / 何 / どう	91
kur - どこ	92

AF205215

Impressum
Verlag: BABADADA GmbH, Nedderfeld 112 , 22529 Hamburg
Geschäftsführer / Verlagsleitung: Harald Hof
Druck: Books on Demand GmbH, In de Tarpen 42, 22848 Norderstedt

Imprint
Publisher: BABADADA GmbH, Nedderfeld 112 , 22529 Hamburg, Germany
Managing Director / Publishing direction: Harald Hof
Print: Books on Demand GmbH, In de Tarpen 42, 22848 Norderstedt, Germany

skola
学校

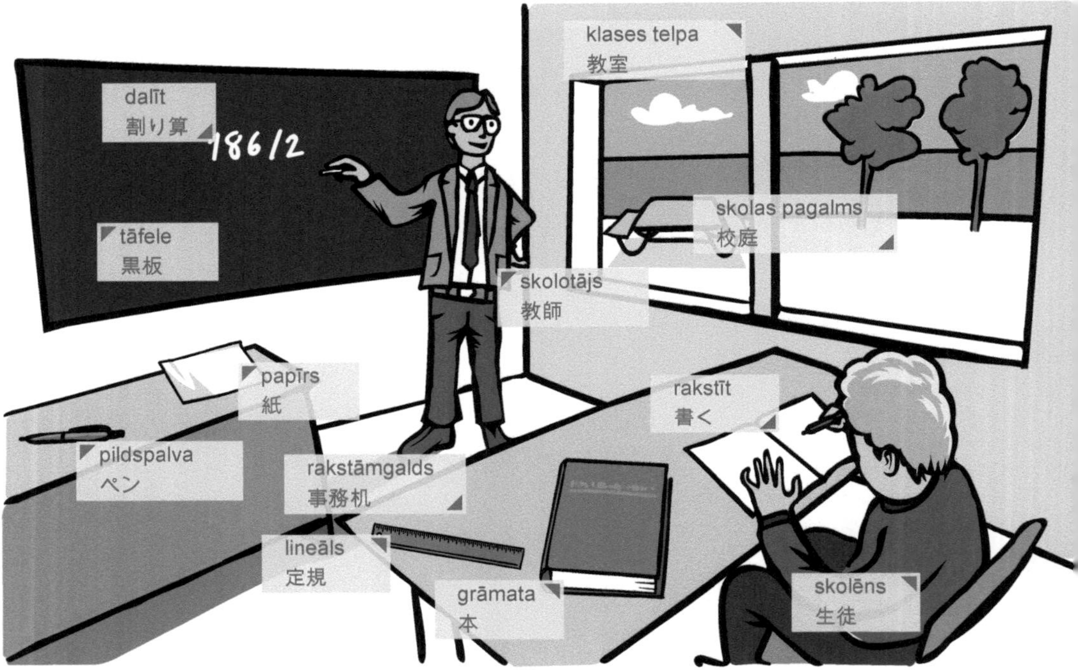

klases telpa
教室
dalīt
割り算
186/2
tāfele
黒板
skolas pagalms
校庭
skolotājs
教師
papīrs
紙
rakstīt
書く
pildspalva
ペン
rakstāmgalds
事務机
lineāls
定規
grāmata
本
skolēns
生徒

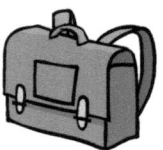

skolas soma

ランドセル

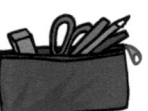

penālis

筆入れ

zīmulis

鉛筆

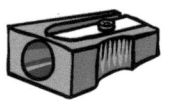

zīmuļu asināmais

鉛筆削り

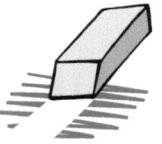

dzēšgumija

消しゴム

zīmēšanas bloks

スケッチブック

zīmējums

スケッチ

ota

絵筆

krāsas

絵の具箱

šķēres

はさみ

līme

接着剤

darba burtnīca

練習帳

mājas darbs

宿題

skaitlis

数

saskaitīt

足し算

atņemt

引き算

reizināt

かけ算

rēķināt

計算する

burts

文字

alfabēts

アルファベット

vārds

単語

teksts

テキスト

lasīt

読む

krīts

チョーク

mācību stunda

授業

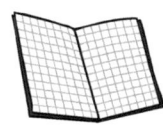

žurnāls

学級日誌

eksāmens

試験

liecība

通知表

skolas forma

制服

izglītība

教育

enciklopēdija

百科事典

universitāte

大学

mikroskops

顕微鏡

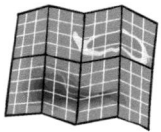

karte

地図

papīrgrozs

ごみ箱

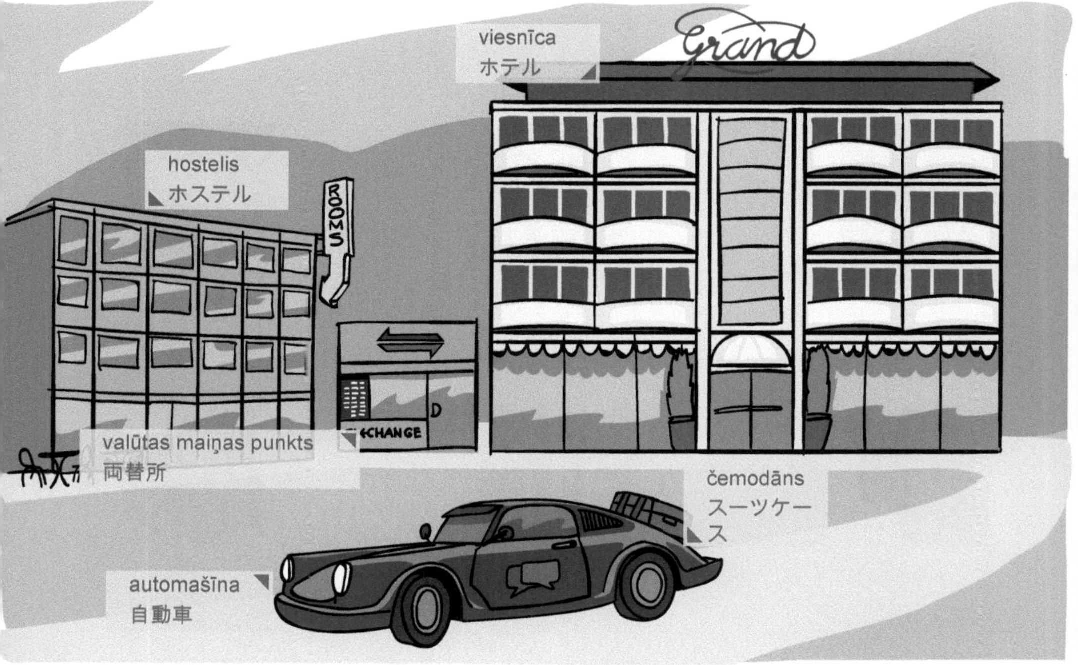
viesnīca
ホテル
Grand
hostelis
ホステル
ROOMS
valūtas maiņas punkts
両替所
EXCHANGE
čemodāns
スーツケース
automašīna
自動車

Valoda
言語

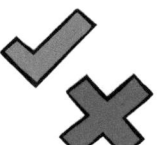

jā / nē
はい / いいえ

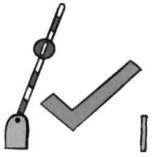

Okay
問題ない

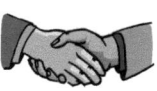

Sveiki!
ハロー

tulks
翻訳者

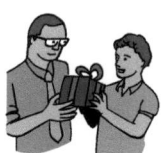

paldies
ありがとう

Cik maksā…?

…はいくらですか？

Es nesaprotu

わかりません

problēma

問題

Labvakar!

こんばんは！

Labrīt!

おはようございます！

Ar labu nakti!

おやすみなさい！

Uz redzēšanos

さようなら

virziens

方向

bagāža

手荷物

soma

バッグ

mugursoma

リュックサック

viesis

お客様

istaba

部屋

guļammaiss

寝袋

telts

テント

tūrisma informācija

旅行者情報

pludmale

ビーチ

kredītkarte

クレジットカード

brokastis

朝食

pusdienas

昼食

vakariņas

夕食

biļete

チケット

lifts

エレベーター

pastmarka

スタンプ

robeža

境界

muita

税関

vēstniecība

大使館

vīza

ビザ

pase

パスポート

transports
輸送

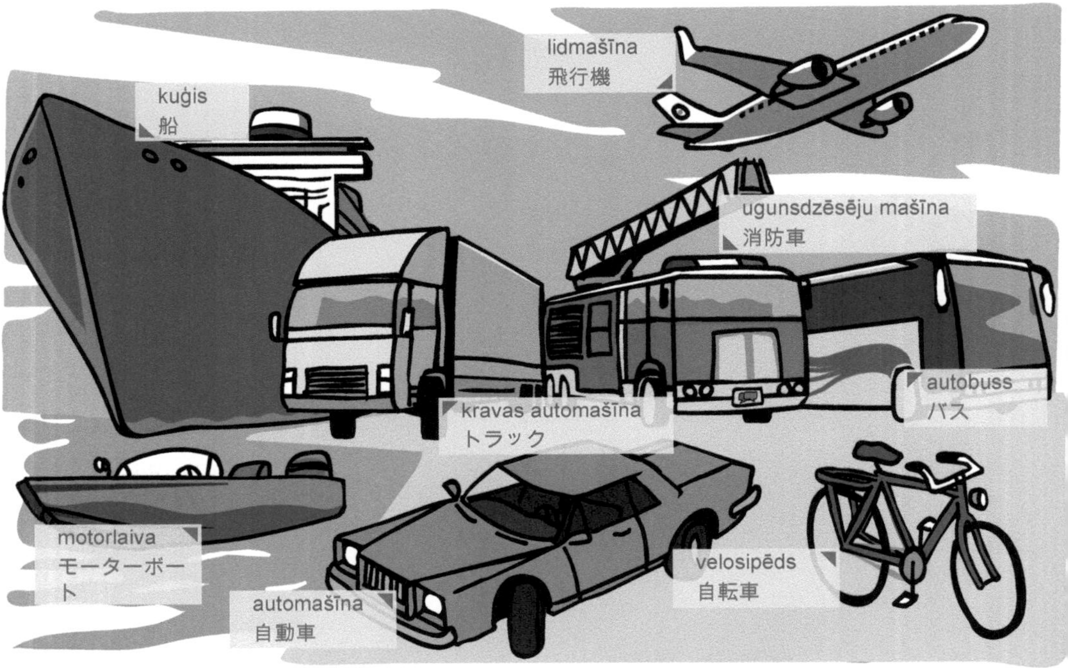

lidmašīna
飛行機
kuģis
船
ugunsdzēsēju mašīna
消防車
autobuss
バス
kravas automašīna
トラック
motorlaiva
モーターボート
automašīna
自動車
velosipēds
自転車

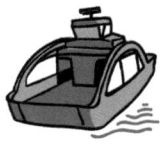

prāmis

フェリー

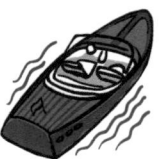

laiva

ボート

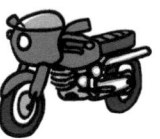

motocikls

バイク

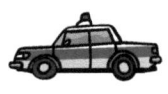

policijas automašīna

パトカー

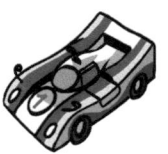

sacīkšu automobilis

レーシングカー

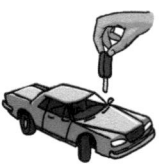

nomas auto

レンタカー

auto koplietošana

カーシェアリング

evakuators

レッカー車

atkritumu mašīna

ごみ収集車

dzinējs

モーター

benzīns

燃料

degvielas uzpildes stacija

ガソリンスタンド

ceļa zīme

交通標識

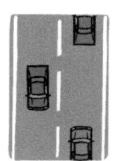

satiksme

交通

sastrēgums

渋滞

stāvvieta

駐車場

dzelzceļa stacija

駅

sliedes

道

vilciens

列車

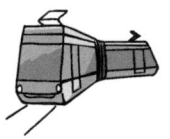

tramvajs

路面電車

vagons

車両

helikopters

ヘリコプター

lidosta

空港

tornis

タワー

pasažieris

乗客

konteiners

コンテナ

kaste

段ボール箱

ratiņi

カート

grozs

カゴ

pacelties / nosēsties

離陸 / 着陸

pilsēta

都市

ciems

村

pilsētas centrs

都心

māja

家

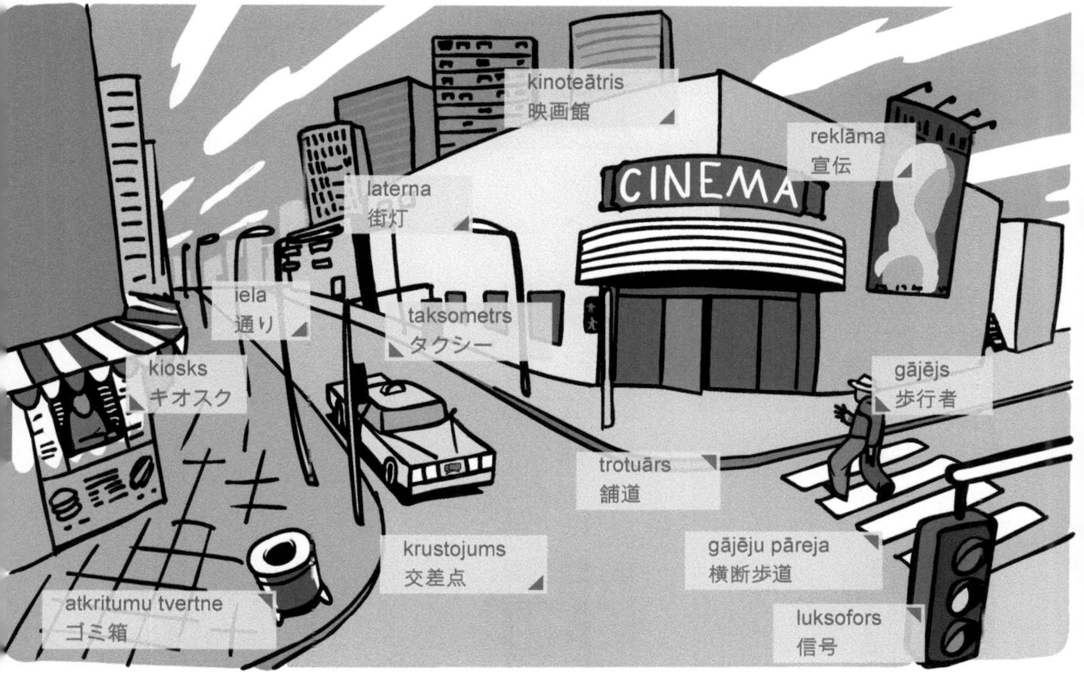

kinoteātris
映画館

reklāma
宣伝

laterna
街灯

CINEMA

iela
通り

taksometrs
タクシー

kiosks
キオスク

gājējs
歩行者

trotuārs
舗道

krustojums
交差点

gājēju pāreja
横断歩道

atkritumu tvertne
ゴミ箱

luksofors
信号

būda

小屋

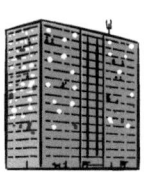

dzīvoklis

アパート

dzelzceļa stacija

駅

rātsnams

市役所

muzejs

美術館

skola

学校

universitāte

大学

banka

銀行

slimnīca

病院

viesnīca

ホテル

aptieka

薬局

birojs

オフィス

grāmatnīca

書店

veikals

ショップ

ziedu veikals

花屋

lielveikals

スーパーマーケット

tirgus

市場

tirdzniecības centrs

デパート

zivju tirgotājs

魚屋

tirdzniecības centrs

ショッピングセンター

osta

港

parks

公園

sols

ベンチ

tilts

橋

kāpnes

階段

metro

地下鉄

tunelis

トンネル

autobusa pieturvieta

バス停

bārs

バー

restorāns

レストラン

pastkastīte

ポスト

ielas nosaukuma plāksne

道路標識

stāvlaika skaitītājs

パーキングメーター

zooloģiskais dārzs

動物園

peldbaseins

スイミングプール

mošeja

モスク

zemnieku saimniecība

農場

vides piesārņojums

汚染

kapsēta

墓地

baznīca

教会

spēļu laukums

遊び場

templis

寺

ainava

風景

lapa
葉

ceļrādis
道標

ceļš
道

pļava
草地

akmens
石

koks
木

ceļotājs
ハイカー

upe
川

zāle
草

puķe
花

ieleja

谷

kalns

山

ezers

湖

mežs

森

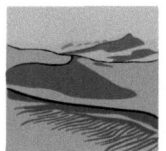

tuksnesis

砂漠

vulkāns

火山

pils

城

varavīksne

虹

sēne

キノコ

palma

ヤシの木

moskīts

蚊

muša

ハエ

skudra

蟻

bite

ミツバチ

zirneklis

クモ

vabole

カブトムシ

varde

蛙

vāvere

リス

ezis

ハリネズミ

zaķis

ウサギ

pūce

フクロウ

putns

鳥

gulbis

白鳥

meža cūka

雄豚

briedis

鹿

alnis

ヘラジカ

aizsprosts

ダム

vēja ģenerators

風力タービン

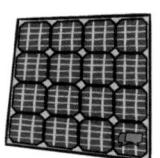

saules baterija

ソーラーパネル

klimats

気候

viesmīlis
ウェイター

ēdienkarte
メニュー

krēsls
椅子

zupa
スープ

pica
ピザ

galda piederumi
刃物類

galdauts
テーブルク
ロス

uzkoda
前菜

pamatēdiens
メインコース

deserts
デザート

dzērieni
飲み物

ēdiens
食べ物

pudele
ボトル

ātrās uzkodas

ファストフード

ielu uzkodas

屋台の食べ物

tējkanna

ティーポット

cukurtrauks

砂糖入れ

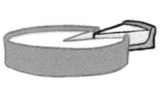

porcija

一人前

espresso kafijas automāts

エスプレッソマシン

bāra krēsls

幼児用食事椅子

rēķins

請求書

paplāte

トレー

nazis

ナイフ

dakša

フォーク

karote

スプーン

tējkarote

ティースプーン

salvete

ナプキン

glāze

グラス

šķīvis

皿

zupas šķīvis

スープ皿

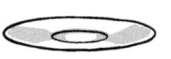

apakštase

受け皿

mērce

ソース

sāls trauciņš

塩入れ

piparu dzirnaviņas

ペッパーミル

etiķis

酢

eļļa

油

garšvielas

スパイス

kečups

ケチャップ

sinepes

マスタード

majonēze

マヨネーズ

lielveikals

スーパーマーケット

piedāvājums
特価品
FOR
klients
顧客
piena produkti
乳製品
augļi
果物
iepirkumu ratiņi
ショッピング・カート

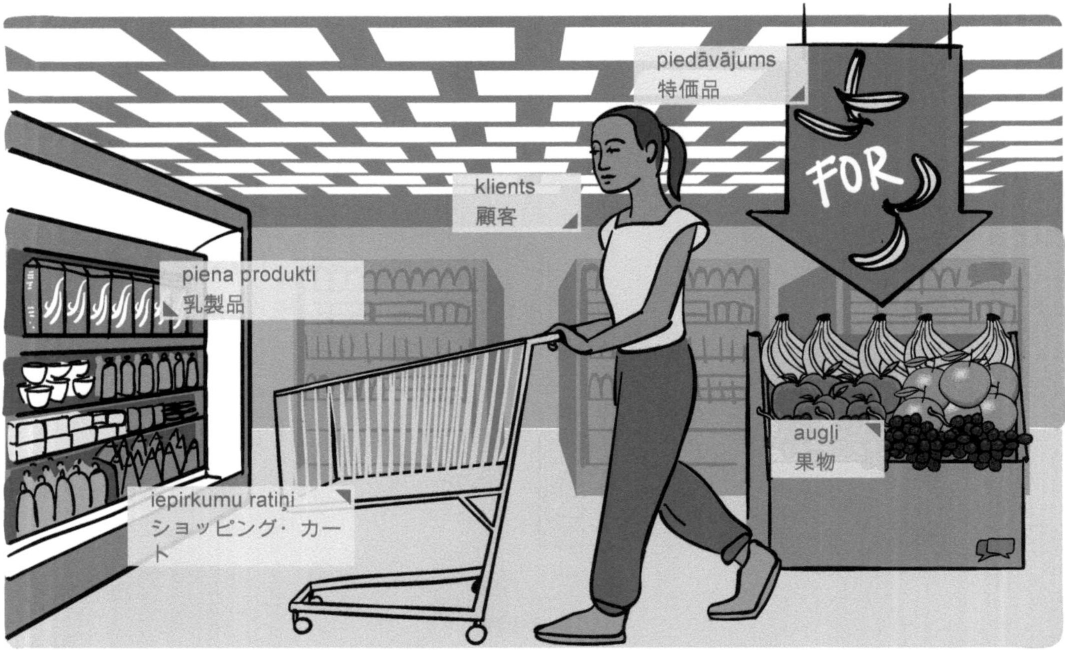

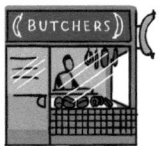

BUTCHERS

kautuve

肉屋

BAKERY

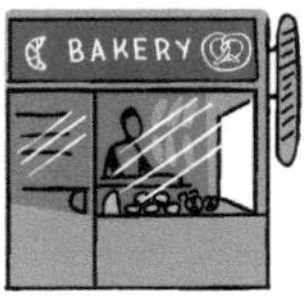

maizes veikals

パン屋

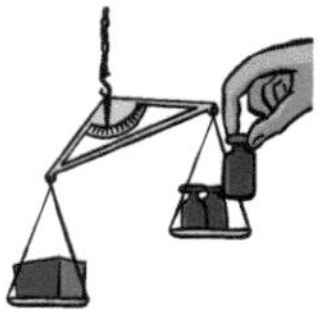

svērt

重さをはかる

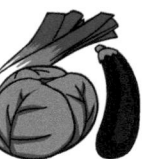

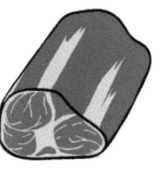

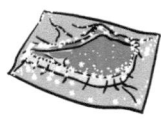

dārzeņi

野菜

gaļa

肉

saldēti produkti

冷凍食品

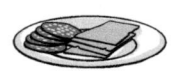

aukstās gaļas uzkodas

冷肉の薄切り

konservi

缶詰食品

pulveris

洗剤

saldumi

菓子

mājsaimniecības preces

家庭用品

tīrīšanas līdzeklis

清掃用品

pārdevēja

販売員

kase

現金箱

kasieris

レジ係

iepirkumu saraksts

買い物リスト

darba laiks

開館時刻

maks

財布

kredītkarte

クレジットカード

soma

バッグ

maisiņš

ポリ袋

ūdens

水

sula

ジュース

piens

牛乳

kola

コーラ

vīns

ワイン

alus

ビール

alkohols

アルコール

kakao

ココア

tēja

紅茶

kafija

コーヒー

espresso

エスプレッソ

kapučīno

カプチーノ

banāns

バナナ

ābols

リンゴ

apelsīns

オレンジ

melone

メロン

citrons

レモン

burkāns

ニンジン

ķiploks

ニンニク

bambuss

竹

sīpols

玉ねぎ

sēne

キノコ

rieksti

ナッツ

makaroni

ヌードル

spageti

スパゲッティ

rīsi

米

salāti

サラダ

frī kartupeļi

フライドポテト

cepti kartupeļi

フライドポテト

pica

ピザ

hamburgers

ハンバーガー

sviestmaize

サンドウィッチ

šnicele

カツレツ

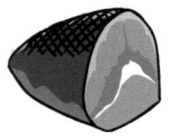

šķiņķis

ハム

salami

サラミ

desa

ソーセージ

vista

鶏肉

cepetis

焼き

zivs

魚

auzu pārslas

麦のお粥

muslis

ムーズリ

brokastu pārslas

コーンフレーク

milti

小麦粉

radziņš

クロワッサン

brokastu maizītes

ロールパン

maize

パン

tostermaize

トースト

cepumi

ビスケット

sviests

バター

biezpiens

カッテージチーズ

kūka

ケーキ

ola

卵

cepta ola

目玉焼き

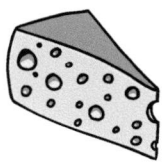

siers

チーズ

saldējums

アイスクリーム

cukurs

砂糖

medus

はちみつ

marmelāde

ジャム

riekstu krēms

ヌガークリーム

karijs

カレー

zemnieku saimniecība
農場

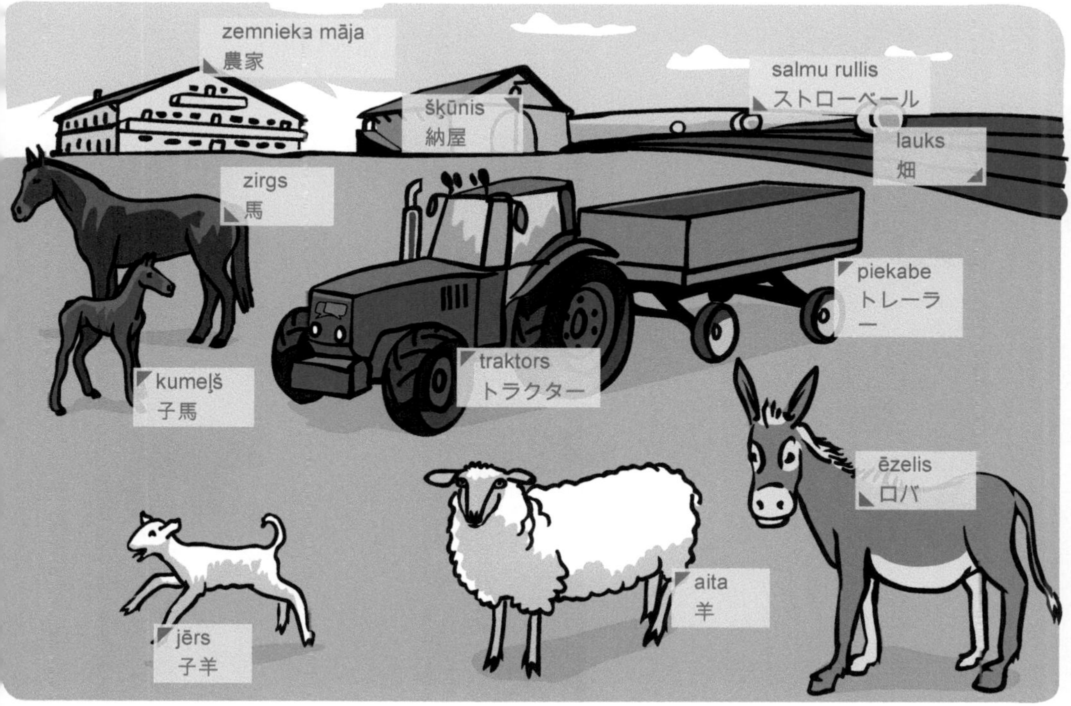

zemnieka māja
農家
šķūnis
納屋
salmu rullis
ストローベール
lauks
畑
zirgs
馬
piekabe
トレーラー
traktors
トラクター
kumeļš
子馬
ēzelis
ロバ
aita
羊
jērs
子羊

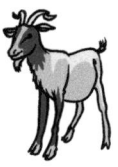

kaza
ヤギ

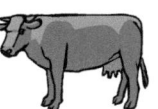

govs
雌牛

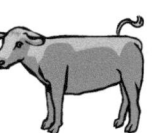

teļš
子牛

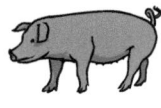

cūka
豚

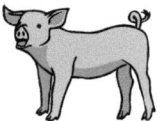

sivēns
子豚

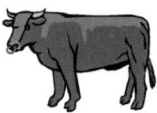

bullis
雄牛

zoss

ガチョウ

pīle

アヒル

cālis

ひよこ

vista

にわとり

gailis

おんどり

žurka

ネズミ

kaķis

猫

pele

ねずみ

vērsis

雄牛

suns

犬

suņa būda

犬小屋

dārza šļūtene

散水ホース

lejkanna

じょうろ

izkapts

大鎌

arkls

すき

sirpis

草刈り鎌

kaplis

くわ

mēslu dakša

堆肥用フォーク

cirvis

斧

ķerra

手押し車

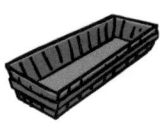

sile

かいばおけ

piena kanna

牛乳缶

maiss

袋

žogs

フェンス

kūts

畜舎

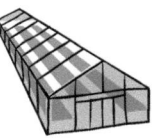

siltumnīca

温室

augsne

土壌

sēklas

種

mēslojums

肥料

kombains

コンバイン

novākt ražu

収穫する

raža

収穫

jamss

ヤマイモ

kvieši

小麦

soja

大豆

kartupelis

じゃがいも

kukurūza

トウモロコシ

rapsis

菜種

augļu koks

果樹

manioka

キャッサバ

labība

穀物

māja
家

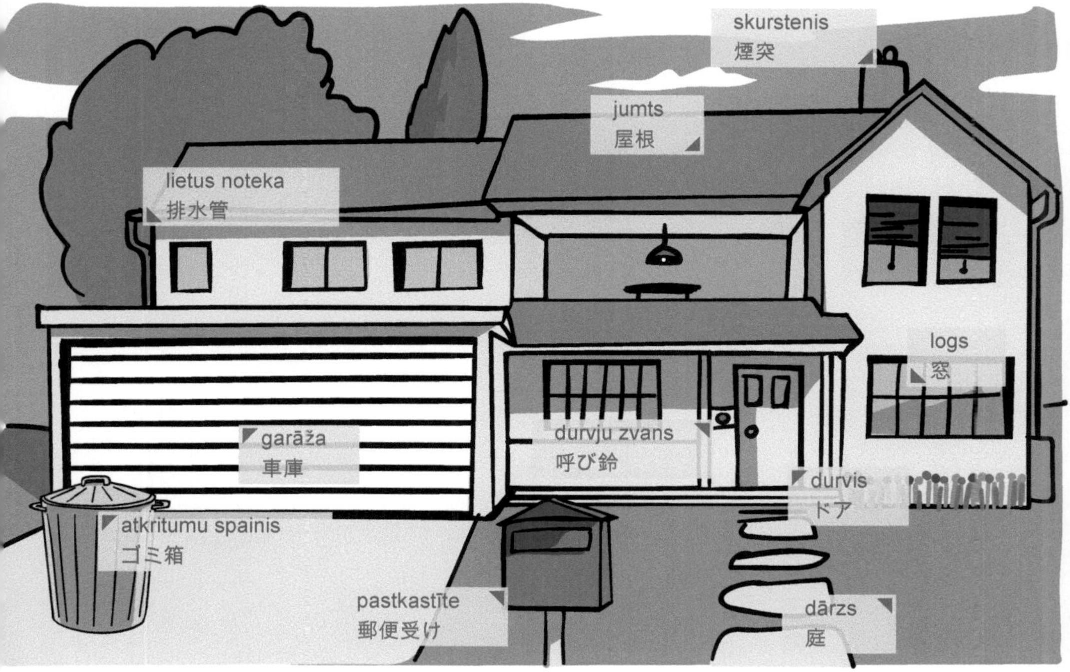
skurstenis
煙突
jumts
屋根
lietus noteka
排水管
logs
窓
garāža
車庫
durvju zvans
呼び鈴
durvis
ドア
atkritumu spainis
ゴミ箱
pastkastīte
郵便受け
dārzs
庭

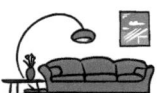

viesistaba
リビングルーム

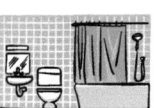

vannas istaba
浴室

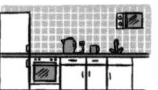

virtuve
台所

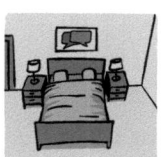

guļamistaba
寝室

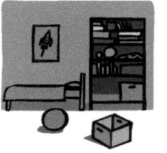

bērnu istaba
子供部屋

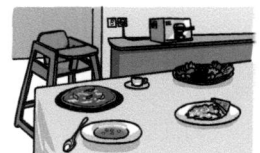

ēdamistaba
ダイニング・ルーム

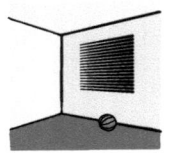

grīda

床

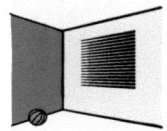

siena

壁

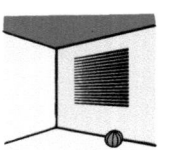

griesti

天井

pagrabs

地下貯蔵庫

sauna

サウナ

balkons

バルコニー

terase

テラス

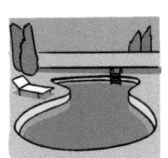

baseins

プール

zāles pļāvējs

芝刈り機

gultas veļa

シーツ

sega

ベッドカバー

gulta

ベッド

slota

ほうき

spainis

バケツ

slēdzis

スイッチ

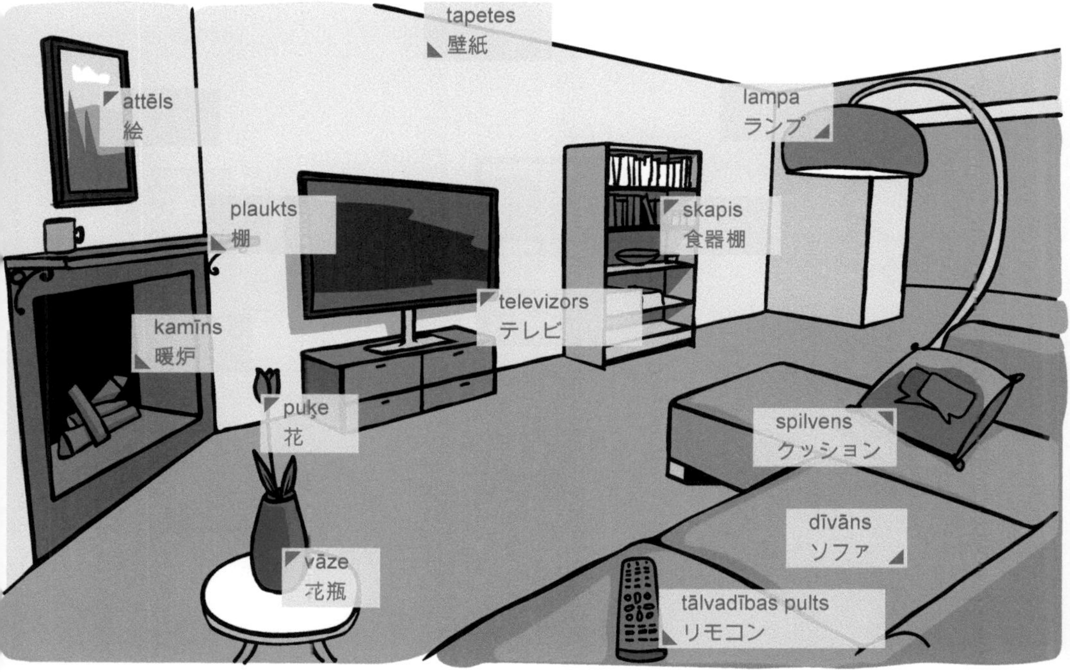

tapetes
壁紙

attēls
絵

lampa
ランプ

plaukts
棚

skapis
食器棚

kamīns
暖炉

televizors
テレビ

puķe
花

spilvens
クッション

dīvāns
ソファ

vāze
花瓶

tālvadības pults
リモコン

paklājs
カーペット

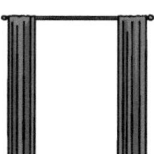

aizkars
カーテン

galds
テーブル

krēsls
椅子

šūpuļkrēsls
ロッキングチェア

atpūtas krēsls
ひじ掛け椅子

grāmata

本

sega

毛布

dekorācija

飾り

malka

たきぎ

filma

映画

mūzikas centrs

ステレオ

atslēga

鍵

avīze

新聞

glezna

絵画

plakāts

ポスター

radio

ラジオ

pierakstu blociņš

メモ帳

putekļu sūcējs

掃除機

kaktuss

サボテン

svece

ろうそく

virtuve
台所

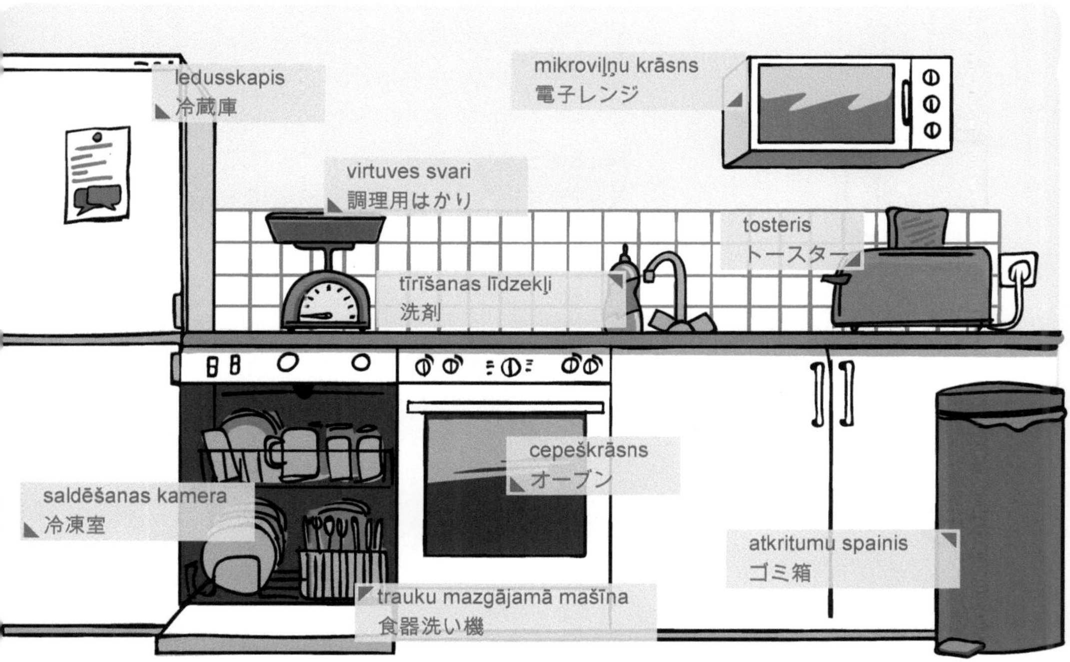

ledusskapis
冷蔵庫
mikroviļņu krāsns
電子レンジ
virtuves svari
調理用はかり
tosteris
トースター
tīrīšanas līdzekļi
洗剤
cepeškrāsns
オーブン
saldēšanas kamera
冷凍室
atkritumu spainis
ゴミ箱
trauku mazgājamā mašīna
食器洗い機

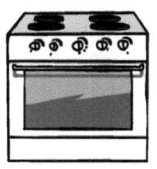

plīts

こんろ

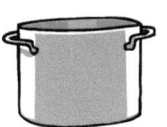

pods

鍋

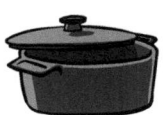

katls

鉄鍋

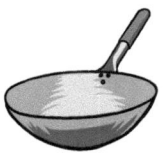

Wok panna

中華鍋/ カダイ鍋

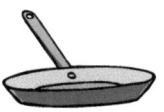

panna

フライパン

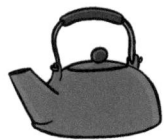

elektriskā tējkanna

やかん

tvaika katls

蒸し器

cepešpanna

天板

trauki

食器

krūze

マグカップ

bļoda

ボウル

irbulīši

箸

kauss

おたま

lāpstiņa

へら

putošanas slotiņa

泡立て器

sietiņš

こし器

siets

ふるい

rīve

すりおろし器

piesta

すり鉢

grilēt

バーベキュー

atklāts pavards

かまど

dēlis

まな板

mīklas rullis

麺棒

korķu vilķis

栓抜き

bundža

缶

konservu nazis

缶切り

virtuves cimdi

鍋つかみ

izlietne

流し

birste

ブラシ

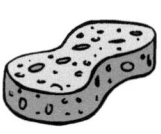

sūklis

スポンジ

mikseris

ミキサー

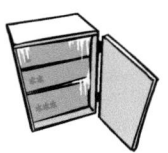

saldētava

冷凍庫

bērna pudelīte

哺乳瓶

ūdenskrāns

蛇口

vannas istaba

浴室

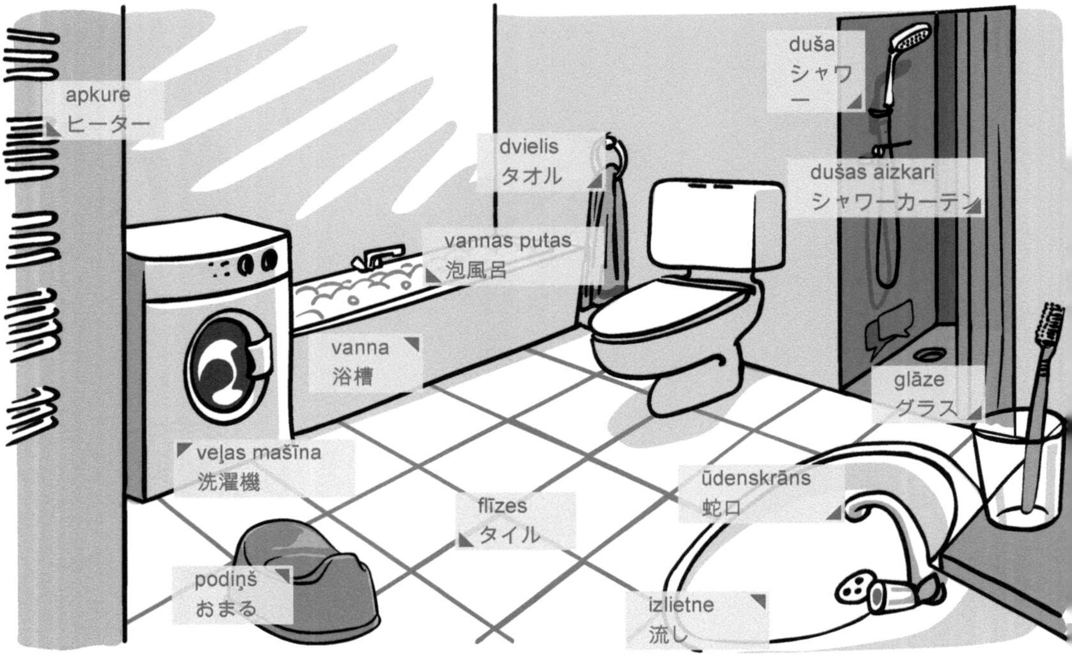

apkure
ヒーター
duša
シャワー
dvielis
タオル
dušas aizkari
シャワーカーテン
vannas putas
泡風呂
vanna
浴槽
glāze
グラス
veļas mašīna
洗濯機
ūdenskrāns
蛇口
flīzes
タイル
podiņš
おまる
izlietne
流し

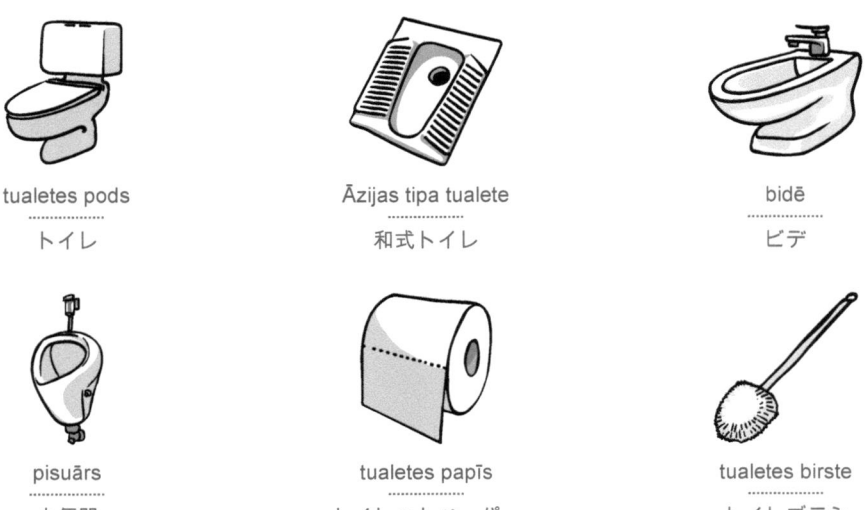

tualetes pods

トイレ

Āzijas tipa tualete

和式トイレ

bidē

ビデ

pisuārs

小便器

tualetes papīs

トイレットペーパー

tualetes birste

トイレブラシ

zobu birste

歯ブラシ

zobu pasta

歯みがき

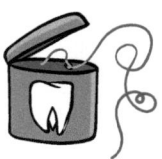

zobu diegs

デンタルフロス

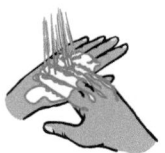

mazgāt

洗う

rokas duša

シャワーヘッド

duša

ハンドビデ

bļoda

洗面台

muguras mazgāšanas birste

ボディブラシ

ziepes

石鹸

dušas želeja

シャワー用ジェル

šampūns

シャンプー

mazgāšanas drāna

浴用タオル

noteka

排水口

krēms

クリーム

dezodorants

消臭

vannas istaba - 浴室

spogulis

鏡

spogulītis

手鏡

skuveklis

かみそり

skūšanās putas

シェービング・フォーム

losjons pēc skūšanās

アフターシェーブローショ
ン

ķemme

櫛

matu suka

ブラシ

matu fēns

ドライヤー

matu laka

ヘアスプレー

grima komplekts

化粧

lūpu krāsa

口紅

nagulaka

マニキュア

vate

脱脂綿

šķērītes

爪切り

smaržas

香水

kosmētikas maks

洗面用具入れ

ķeblītis

スツール

svari

体重計

halāts

バスローブ

tīrīšanas cimdi

ゴム手袋

tampons

タンポン

pakete

生理用ナプキン

ķīmiskā tualete

ケミカルトイレ

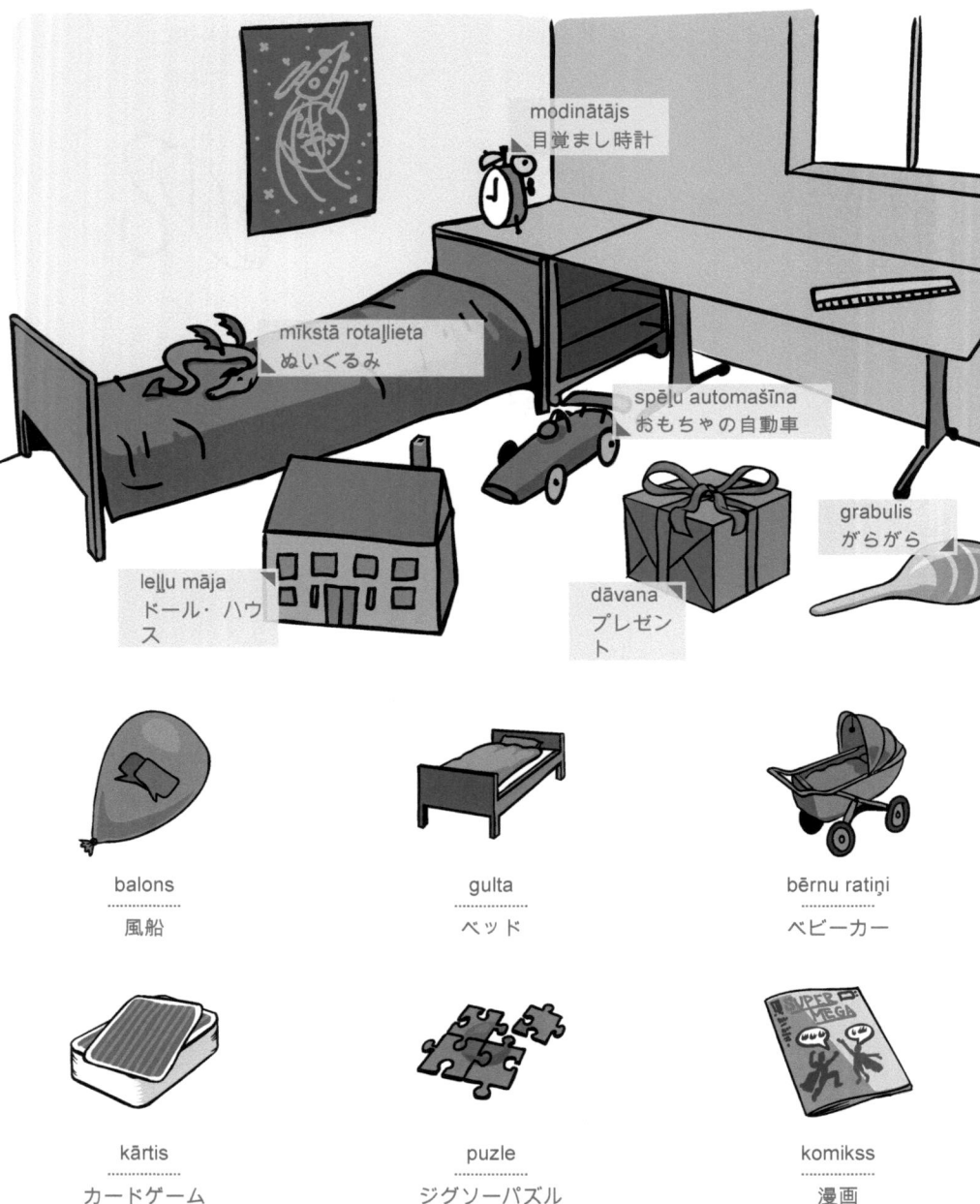

modinātājs
目覚まし時計

mīkstā rotaļlieta
ぬいぐるみ

spēļu automašīna
おもちゃの自動車

grabulis
がらがら

leļļu māja
ドール・ハウ
ス

dāvana
プレゼン
ト

balons
風船

gulta
ベッド

bērnu ratiņi
ベビーカー

kārtis
カードゲーム

puzle
ジグソーパズル

komikss
漫画

LEGO klucīši

レゴ

klucīši

玩具ブロック

varoņu figūra

アクションフィギュア

rāpulītis

ロンパース

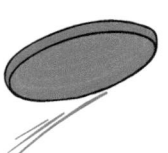

lidojošais šķīvītis

フリスビー

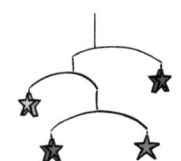

muzikālais karuselis

モバイル

galda spēle

ボードゲーム

metamais kauliņš

さいころ

rotaļu dzelzceļš

鉄道模型

māneklis

おしゃぶり

ballīte

パーティー

bilžu grāmata

絵本

bumba

ボール

lelle

人形

spēlēt

遊ぶ

smilšu kaste

砂場

šūpoles

ブランコ

rotaļlietas

おもちゃ

spēļu konsole

ゲーム機

trīsritenis

三輪車

plīša lācītis

テディベア

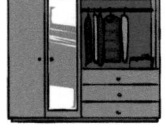

drēbju skapis

衣装ダンス

apģērbs

衣服

īszeķes

靴下

zeķes

ストッキング

zeķbikses

タイツ

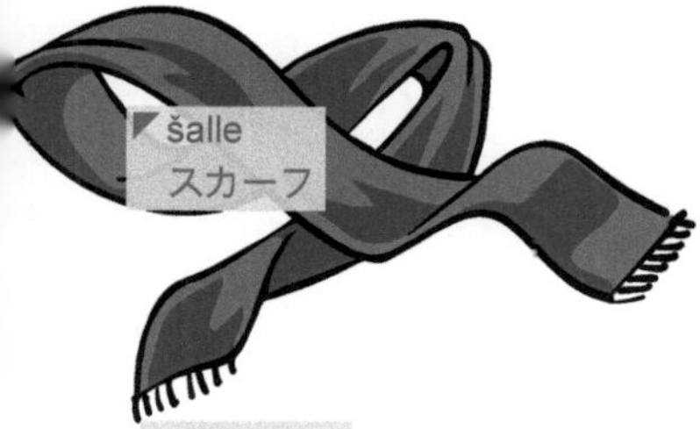

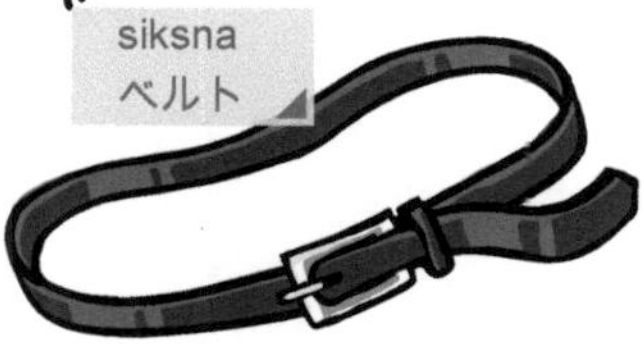

šalle
スカーフ

lietussargs
雨傘

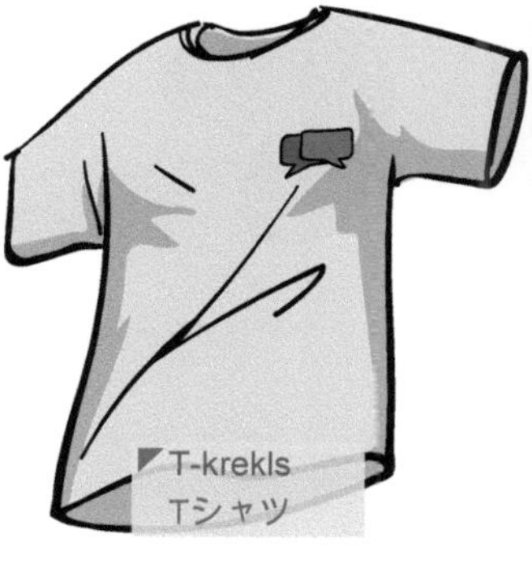

siksna
ベルト

T-krekls
Tシャツ

zābaks
ブーツ

čības
スリッパ

botas
スニーカー

sandales

サンダル

kurpes

靴

gumijas zābaki

ゴム長靴

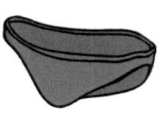

apakšbikses

パンツ

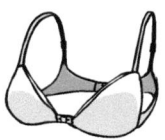

krūšturis

ブラ

apakškrekls

ベスト

bodijs

ボディースーツ

bikses

ズボン

džinsi

ジーンズ

svārki

スカート

blūze

ブラウス

krekls

シャツ

pulovers

セーター

džemperis

パーカー

žakete

ブレザー

jaka

ジャケット

mētelis

コート

lietus mētelis

レインコート

kostīms

服装

kleita

ドレス

kāzu kleita

ウェディングドレス

uzvalks

スーツ

naktskrekls

ナイトガウン

pidžama

パジャマ

sari

サリー

lakats

ヘッドスカーフ

turbāns

ターバン

burka

ブルカ

kaftāns

カフタン

abaja

アバヤ

peldkostīms

水着

peldbikses

トランクス

šorti

半ズボン

treniņtērps

スウェットスーツ

priekšauts

エプロン

cimdi

手袋

poga
ボタン

brilles
メガネ

rokassprādze
ブレスレット

kaklarota
ネックレス

gredzens
指輪

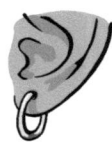

auskars
イヤリング

cepure
帽子

drēbju pakaramais
ハンガー

platmale
帽子

kaklasaite
ネクタイ

rāvējslēdzējs
ファスナー

ķivere
ヘルメット

bikšturi
サスペンダー

skolas forma
制服

uniforma
ユニフォーム

priekšautiņš

よだれかけ

māneklis

おしゃぶり

autiņbiksītes

おむつ

birojs
オフィス

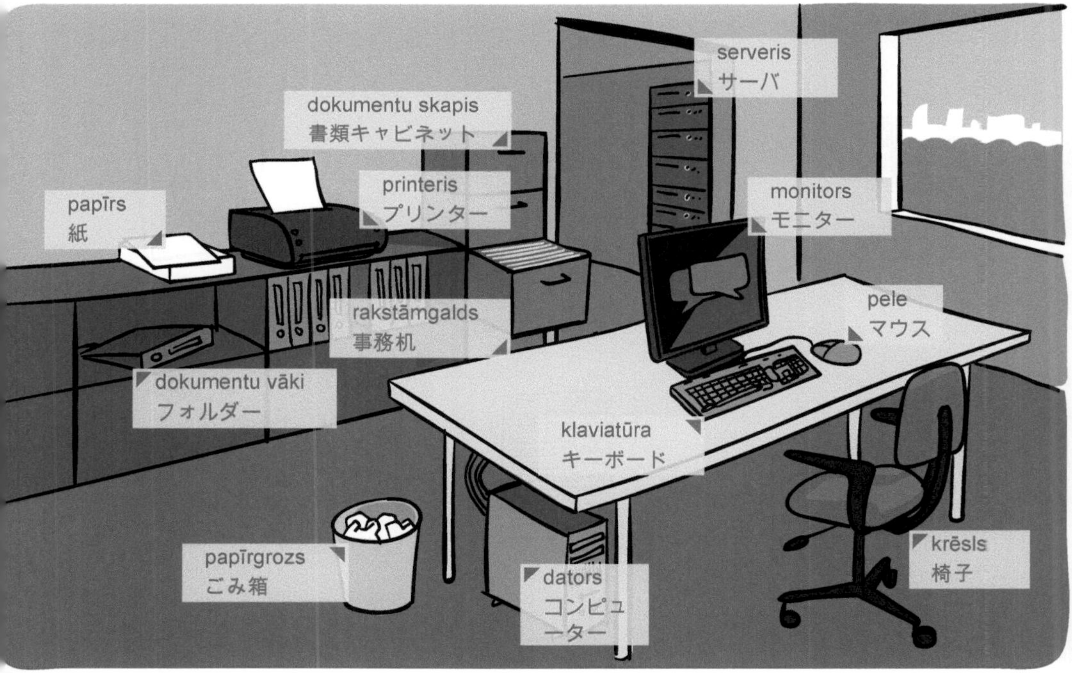

serveris
サーバ

dokumentu skapis
書類キャビネット

printeris
プリンター

monitors
モニター

papīrs
紙

pele
マウス

rakstāmgalds
事務机

dokumentu vāki
フォルダー

klaviatūra
キーボード

papīrgrozs
ごみ箱

dators
コンピューター

krēsls
椅子

kafijas krūze

コーヒーマグ

kalkulators

計算機

internets

インターネット

portatīvais dators
ラップトップ

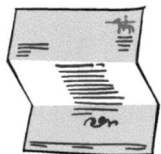

vēstule
手紙

ziņa
メッセージ

mobilais tālrunis
携帯電話

tīkls
ネットワーク

kopētājs
コピー機

programmatūra
ソフトウェア

telefons
電話

rozete
コンセント

faksa aparāts
ファックス

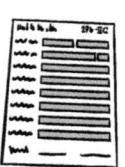

formulārs
フォーム

dokuments
書類

pirkt

買う

samaksāt

支払う

tirgot

取引する

nauda

お金

dolārs

ドル

eiro

ユーロ

jēna

円

rublis

ルーブル

franks

スイスフラン

juaņa renminbi

人民元

rūpija

ルピー

bankomāts

キャッシュポイント

valūtas maiņas punkts

両替所

zelts

金

sudrabs

銀

nafta

油

enerģija

エネルギー

cena

価格

līgums

契約

nodoklis

税金

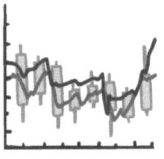

akcija

株

strādāt

働く

darbinieks

従業員

darba devējs

雇用主

fabrika

工場

veikals

ショップ

policists
警察官

ugunsdzēsējs
消防士

pilots
パイロット

pavārs
コック

ārsts
医師

dārznieks

庭師

galdnieks

大工

šuvēja

お針子

tiesnesis

裁判官

ķīmiķis

化学者

aktieris

俳優

autobusa vadītājs

バスの運転手

taksometra vadītājs

タクシー運転手

zvejnieks

漁師

apkopēja

掃除婦

jumiķis

屋根ふき職人

viesmīlis

ウェイター

mednieks

ハンター

gleznotājs

塗装工

maiznieks

パン屋

elektriķis

電気工

celtnieks

建設作業員

inženieris

エンジニア

miesnieks

肉屋

skārdnieks

配管工

pastnieks

郵便配達人

karavīrs

軍人

arhitekts

建築家

kasieris

レジ係

florists

花屋

frizieris

美容師

konduktors

車掌

mehāniķis

機械工

kapteinis

キャプテン

zobārsts

歯科医

zinātnieks

科学者

rabīns

ラビ

imāms

イスラム導師

mūks

修道士

mācītājs

牧師

instrumenti
道具

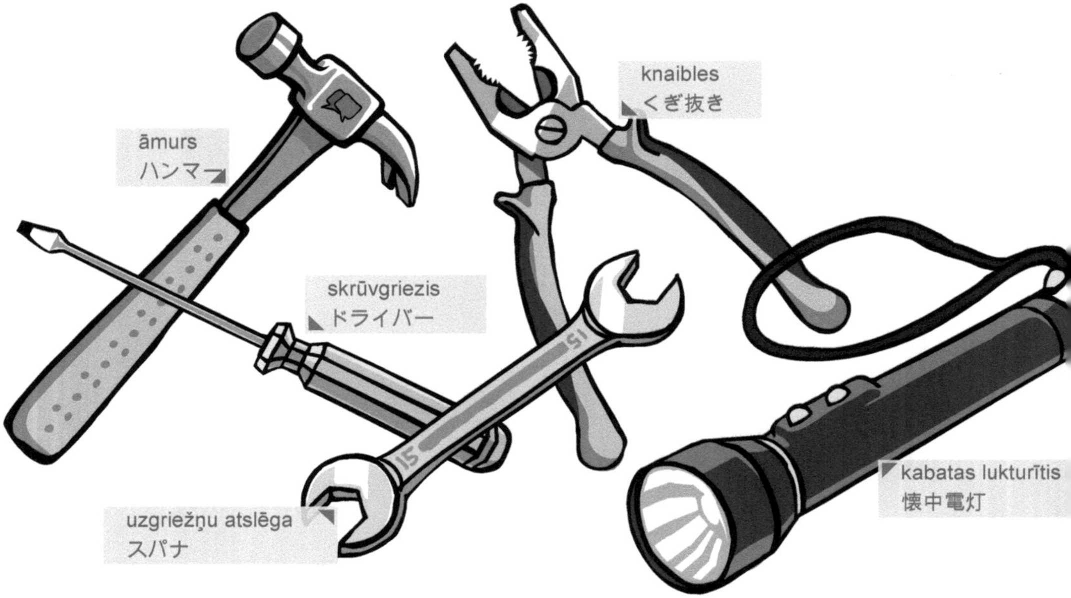

āmurs
ハンマー
knaibles
くぎ抜き
skrūvgriezis
ドライバー
uzgriežņu atslēga
スパナ
kabatas lukturītis
懐中電灯

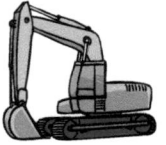

ekskavators
掘削機

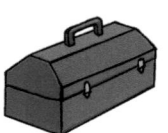

instrumentu kaste
道具箱

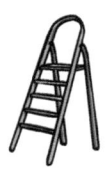

kāpnes
はしご

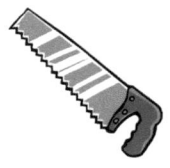

zāģis
のこぎり

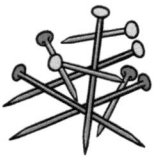

naglas
釘

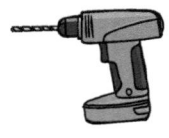

urbis
ドリル

remontēt
修理する

lāpsta
シャベル

Velns!
クソ！

liekšķere
ちりとり

krāsas bundža
ペンキ缶

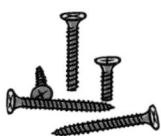

skrūves
ネジ

mūzikas instrumenti
楽器

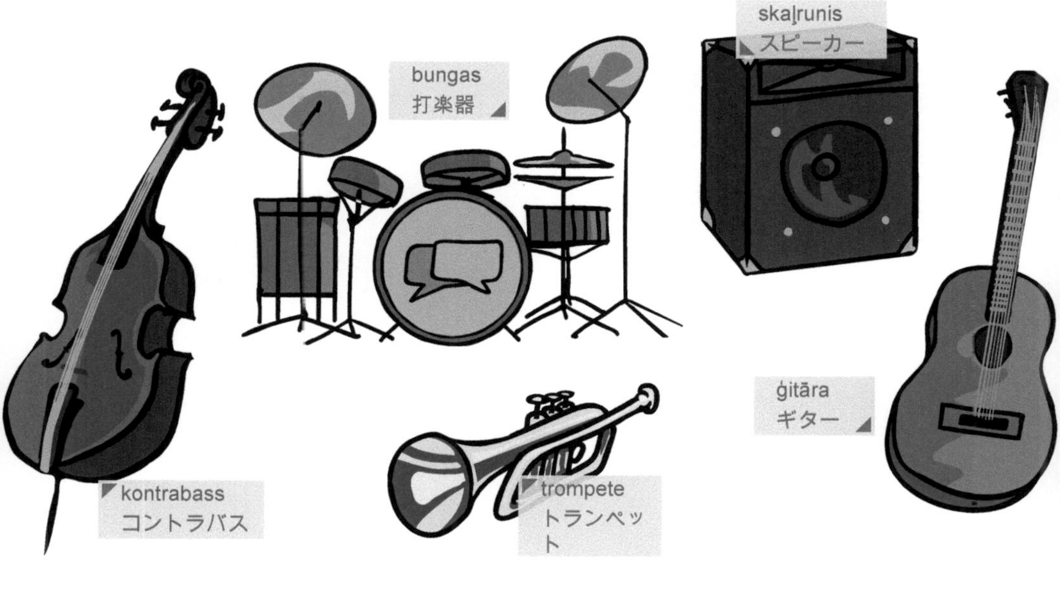

skaļrunis
スピーカー

bungas
打楽器

ģitāra
ギター

kontrabass
コントラバス

trompete
トランペット

klavieres

ピアノ

vijole

バイオリン

bass

バス

timpāni

ティンパニ

bungas

ドラム

digitālās klavieres

キーボード

saksofons

サックス

flauta

フルート

mikrofons

マイクロフォン

zooloģiskais dārzs

動物園

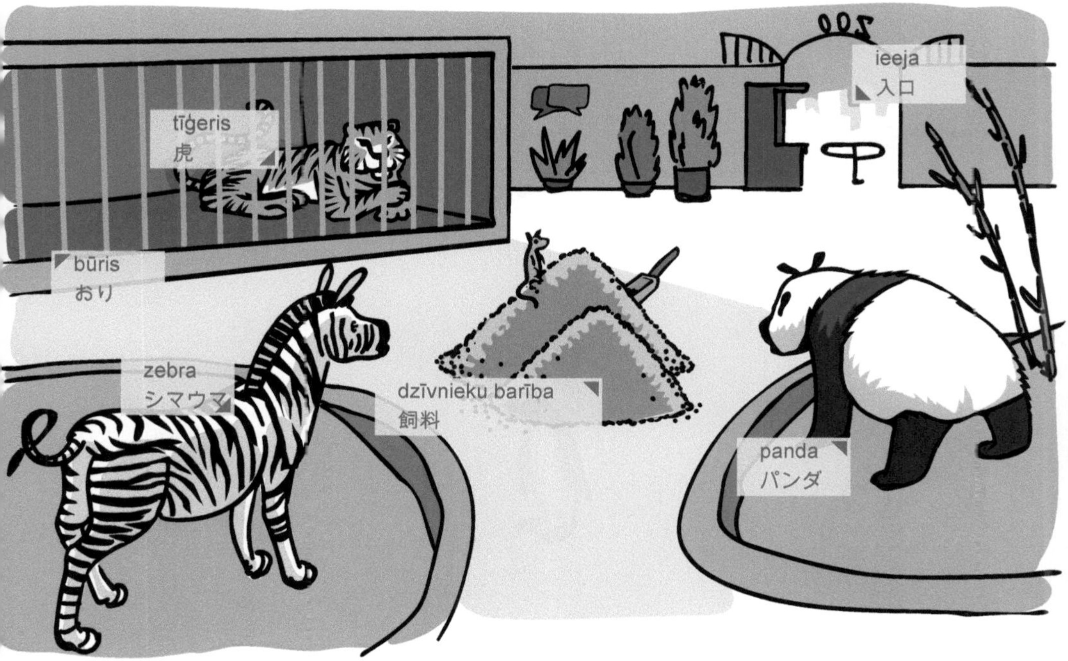

tīģeris
虎
ieeja
入口
būris
おり
zebra
シマウマ
dzīvnieku barība
飼料
panda
パンダ

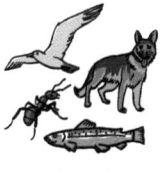

dzīvnieki

動物

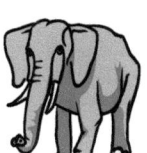

zilonis

象

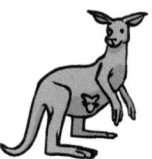

ķengurs

カンガルー

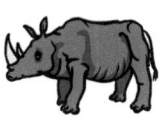

degunradzis

サイ

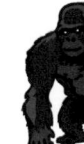

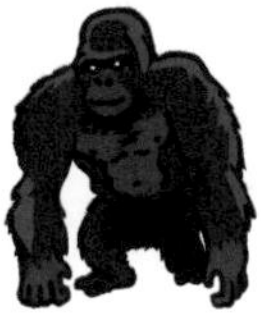

gorilla

ゴリラ

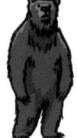

lācis

熊

kamielis

ラクダ

strauss

ダチョウ

lauva

ライオン

pērtiķis

猿

flamings

フラミンゴ

papagailis

オウム

polārlācis

白クマ

pingvīns

ペンギン

haizivs

サメ

pāvs

クジャク

čūska

蛇

krokodils

ワニ

zoodārza sargs

飼育係

ronis

アザラシ

jaguārs

ジャガー

ponijs

ポニー

leopards

ヒョウ

nīlzirgs

カバ

žirafe

キリン

ērglis

鷲

meža cūka

雄豚

zivs

魚

bruņurupucis

亀

valzirgs

セイウチ

lapsa

狐

gazele

ガゼル

amerikāņu futbols
アメフト

riteņbraukšana
サイクリング

teniss
テニス

basketbols
バスケットボール

peldēšana
水泳

bokss
ボクシング

hokejs
アイスホッケー

futbols
サッカー

badmintons
バドミントン

vieglatlētika
陸上競技

rokas bumba
ハンドボール

slēpošana
スキー

polo
ポロ

lēkt
跳ぶ

smieties
笑う

apskaut
抱きしめる

iet
歩く

dziedāt
歌う

sapņot
夢見る

lūgt
祈る

skūpstīt
キス

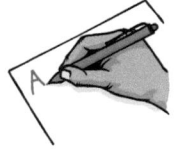

rakstīt
書く

zīmēt
描く

rādīt
示す

spiest
押す

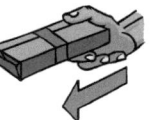

dot
与える

ņemt
取る

būt
持っている

darīt
する

būt
ある

stāvēt
立つ

skriet
走る

vilkt
引く

mest
投げる

krist
落ちる

gulēt
横たわっている

gaidīt
待つ

nest
運ぶ

sēdēt
座る

uzģērbt
着る

gulēt
眠る

pamosties
目が覚める

skatīties

見る

raudāt

泣く

glāstīt

なでる

ķemmēt

櫛ですく

runāt

話す

saprast

理解する

jautāt

質問する

dzirdēt

聞く

dzert

飲む

ēst

食べる

sakārtot

片づける

mīlēt

愛する

vārīt

料理する

braukt

運転する

lidot

飛ぶ

darbības - 活動

65

burot

ヨットに乗る

rēķināt

計算する

lasīt

読む

mācīties

学ぶ

strādāt

働く

precēties

結婚する

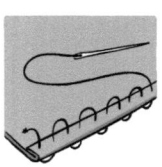

šūt

縫う

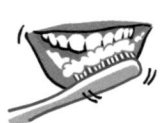

tīrīt zobus

歯を磨く

nogalināt

殺す

smēķēt

喫煙する

sūtīt

送る

vecāmāte
祖母

vectēvs
祖父

tēvs
父

māte
母

mazulis
赤ん坊

meita
娘

dēls
息子

viesis

お客様

tante

おば

onkulis

おじ

brālis

兄弟

māsa

姉妹

ķermenis
体

piere
ひたい
acs
目
plecs
肩
pirksts
指
seja
顔
zods
あご
roka
手
kāja
脚
krūtis
胸
roka
腕

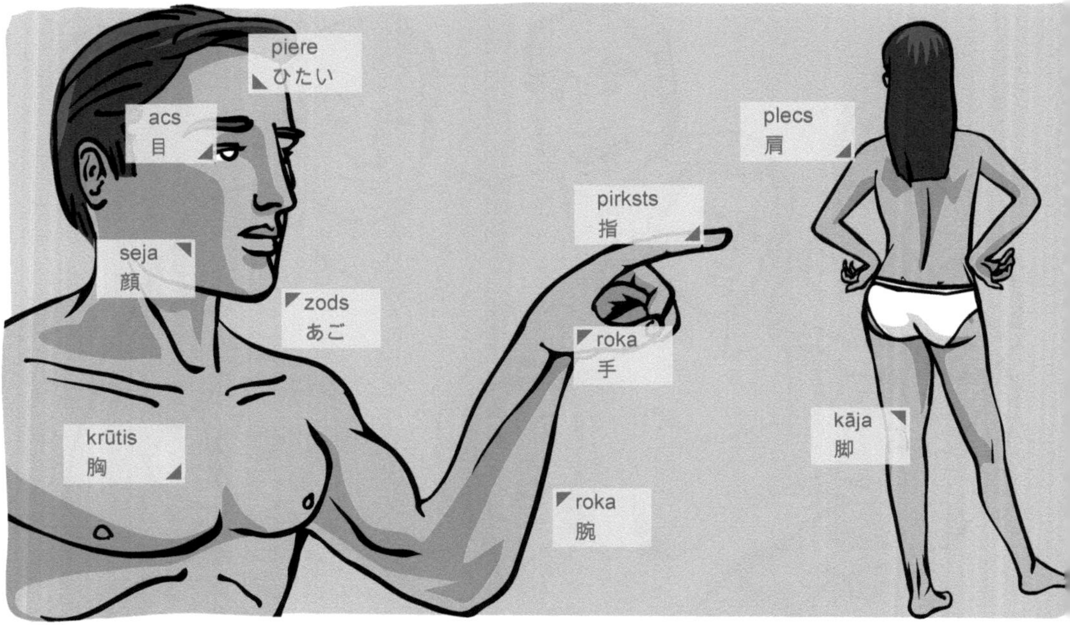

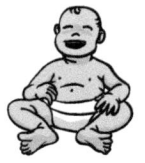

mazulis

赤ん坊

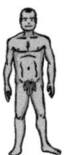

vīrietis

男性

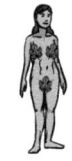

sieviete

女性

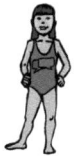

meitene

少女

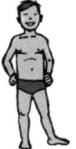

zēns

少年

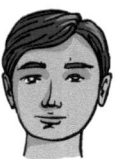

galva

頭

mugura

背中

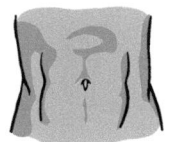

vēders

腹

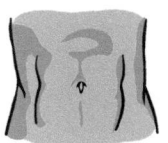

naba

へそ

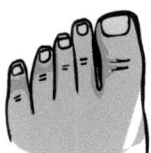

kājas pirksts

足指

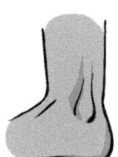

papēdis

かかと

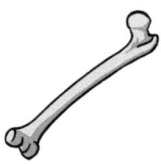

kauls

骨

gurns

腰

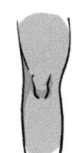

celis

ひざ

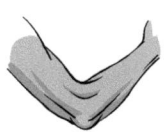

elkonis

ひじ

deguns

鼻

dibens

尻

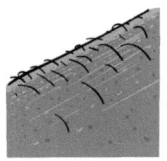

āda

皮膚

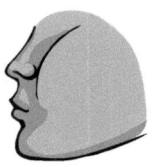

vaigs

頬

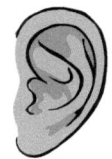

auss

耳

lūpa

唇

mute

口

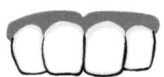

zobs

歯

mēle

舌

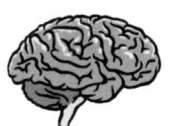

smadzenes

脳

sirds

心臓

muskulis

筋肉

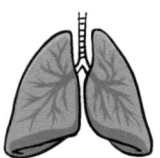

plaušas

肺

aknas

肝臓

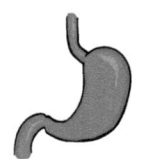

kuņģis

胃

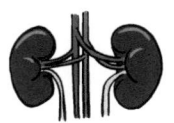

nieres

腎臓

dzimumakts

セックス

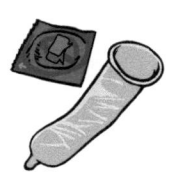

kondoms

コンドーム

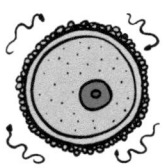

olšūna

卵細胞

sperma

精液

grūtniecība

妊娠

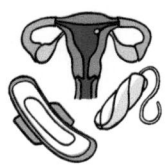

menstruācijas

月経

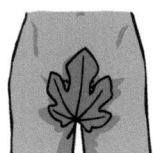

vagīna

膣

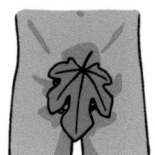

penis

ペニス

uzacs

眉

mati

髪

kakls

首

slimnīca

病院

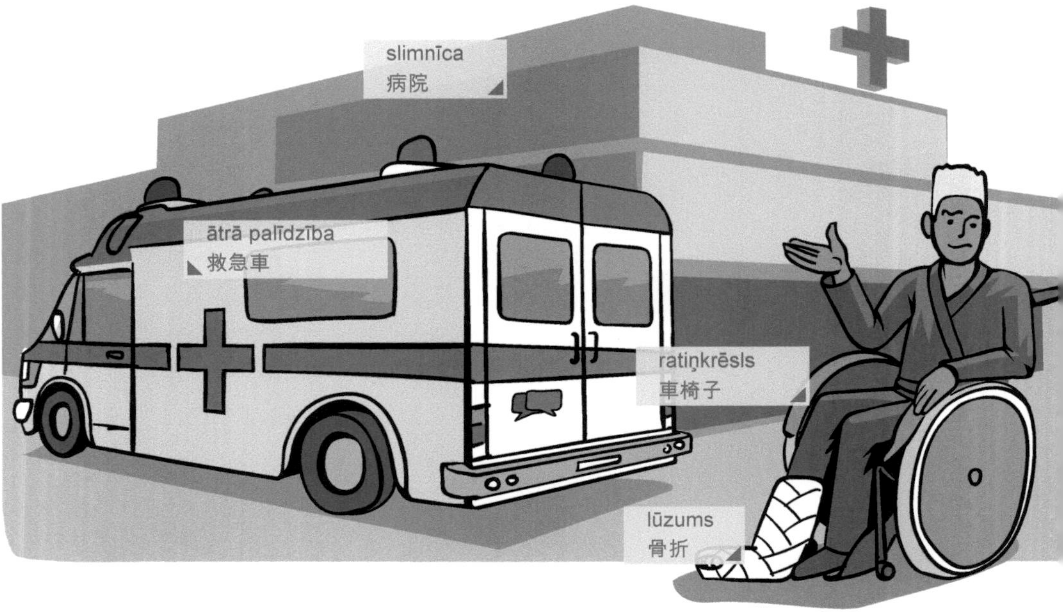

slimnīca
病院
ātrā palīdzība
救急車
ratiņkrēsls
車椅子
lūzums
骨折

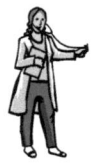

ārsts

医師

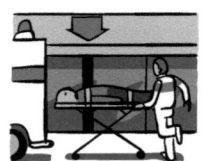

neatliekamās palīdzības nodaļa

救急治療室

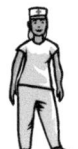

medmāsa

看護師

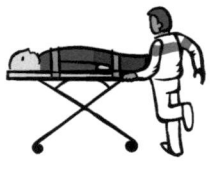

ārkārtas gadījums

救急

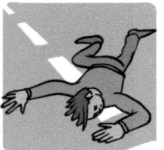

paģībis

失神

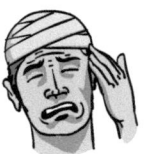

sāpes

痛み

ievainojums

けが

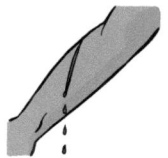

asiņošana

出血

sirdslēkme

心臓発作

insults

脳卒中

alerģija

アレルギー

klepus

咳

temperatūra

熱

gripa

インフルエンザ

caureja

下痢

galvassāpes

頭痛

vēzis

癌

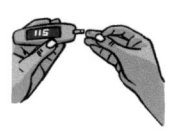

diabēts

糖尿病

ķirurgs

外科医

skalpelis

外科用メス

operācija

手術

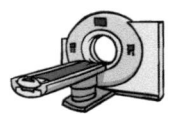

datortomogrāfija

CT

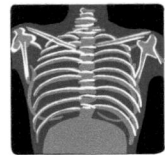

rentgents

レントゲン

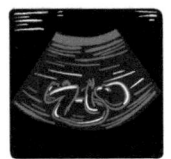

ultraskaņa

超音波

sejas maska

マスク

slimība

病気

uzgaidāmā telpa

待合室

kruķis

松葉づえ

plāksteris

ばんそうこう

apsējs

包帯

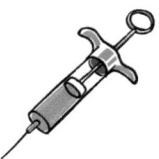

injekcija

注射

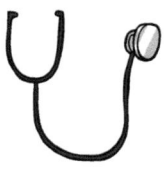

stetoskops

聴診器

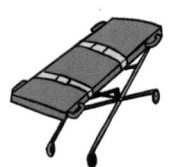

nestuves

担架

termometrs

体温計

dzemdības

出産

liekais svars

肥満

dzirdes aparāts

補聴器

dezinfekcijas līdzeklis

消毒剤

infekcija

感染

vīruss

ウイルス

HIV / AIDS

HIV / エイズ

zāles

内服薬

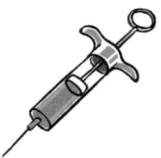

pote

予防接種

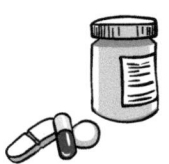

tabletes

錠剤

pretapaugļošanās tablete

ピル

ārkārtas izsaukums

緊急電話

asinsspiediena mērītājs

血圧計

slims / vesels

病気の / 健康な

Palīgā!

助けて！

trauksme

アラーム

uzbrukums

暴行

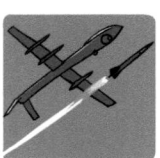

uzbrukums

攻撃

bīstamība

危険

avārijas izeja

非常口

Uguns!

火事だ！

ugunsdzēšamais aparāts

消火器

negadījums

事故

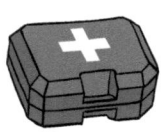

pirmās palīdzības aptieciņa

救急箱

SOS

SOS

policija

警察

Eiropa

ヨーロッパ

Ziemeļamerika

北米

Dienvidamerika

南米

Āfrika

アフリカ

Āzija

アジア

Austrālija

オーストラリア

Atlantijas okeāns

大西洋

Klusais okeāns

太平洋

Indijas okeāns

インド洋

Dienvidu okeāns

南極海

Ziemeļu ledus okeāns

北極海

Ziemeļpols

北極

Dienvidpols

南極

Antarktika

南極大陸

zeme

地球

zeme

陸

jūra

海

sala

島

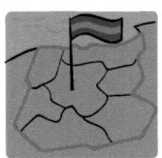

nācija

国家

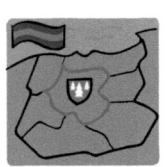

valsts

国家

ciparnīca

文字盤

stundu rādītājs

短針

minūšu rādītājs

長針

sekunžu rādītājs

秒針

Cik ir pulkstenis?

何時ですか？

diena

日

laiks

時間

tagad

現在

digitālais pulkstenis

デジタル時計

minūte

分

stunda

時間

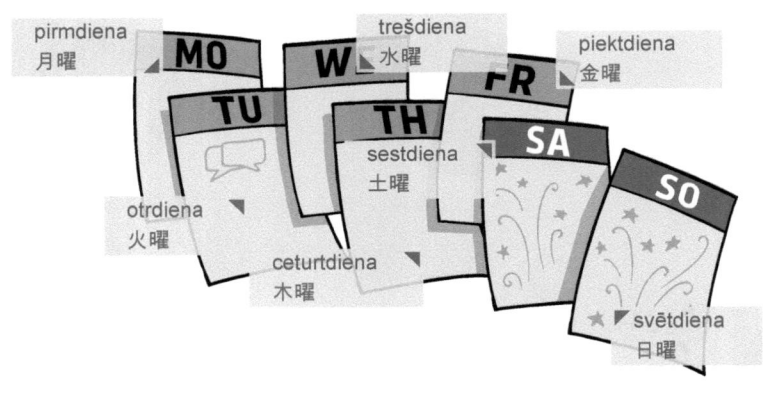

pirmdiena
月曜

trešdiena
水曜

piektdiena
金曜

otrdiena
火曜

sestdiena
土曜

ceturtdiena
木曜

svētdiena
日曜

vakardien

昨日

šodien

今日

rītdien

明日

rīts

朝

pusdienlaiks

昼

vakars

夜

MO	TU	WE	TH	FR	SA	SU
1	2	3	4	5	6	7
8	9	10	11	12	13	14
15	16	17	18	19	20	21
22	23	24	25	26	27	28
29	30	31	1	2	3	4

darbadienas

營業日

MO	TU	WE	TH	FR	SA	SU
1	2	3	4	5	6	7
8	9	10	11	12	13	14
15	16	17	18	19	20	21
22	23	24	25	26	27	28
29	30	31	1	2	3	4

brīvdienas

週末

gads
年

lietus
雨
varavīksne
虹
vējš
風
sniegs
雪
pavasaris
春
rudens
秋
vasara
夏
ziema
冬

4.APRIL 11°
5.APRIL 4°
6.APRIL 13°
7.APRIL 8°
8.APRIL 10°

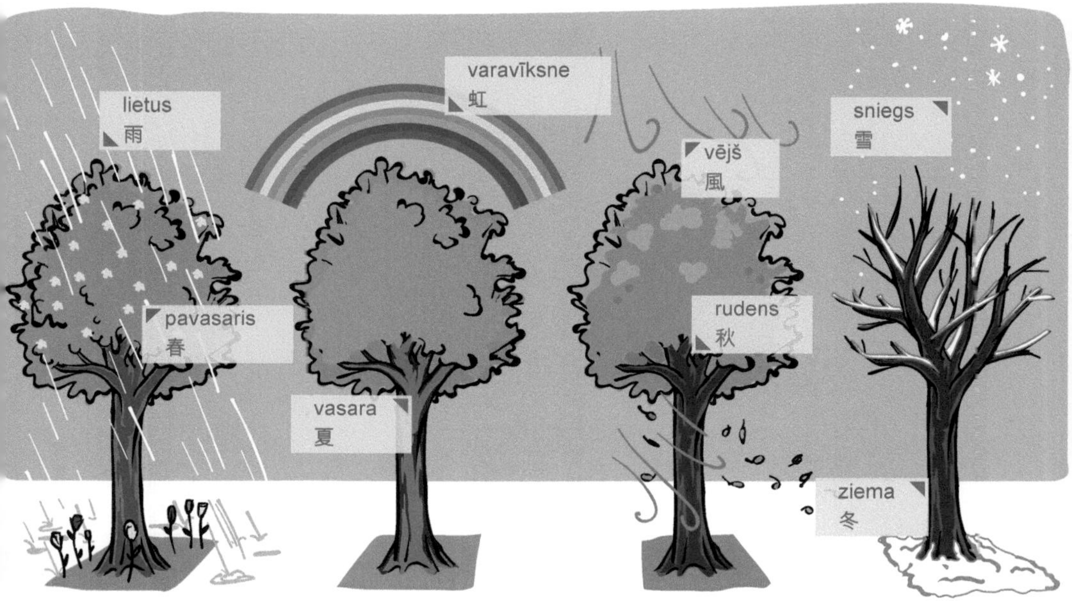

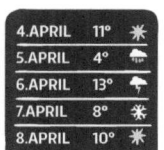

laika prognoze

天気予報

F C
120 40
90 30
60 20
30 10
0 0
-30 -10
-20

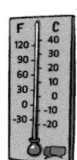

termometrs

温度計

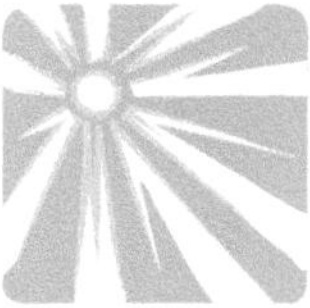

saules gaisma

日差し

mākonis

雲

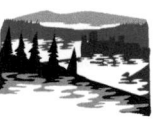

migla

霧

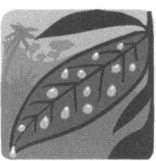

gaisa mitrums

湿度

zibens

雷

pērkons

雷

vētra

嵐

krusa

ひょう

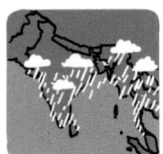

musons

季節風

plūdi

洪水

ledus

氷

janvāris

1月

februāris

2月

marts

3月

aprīlis

4月

maijs

5月

jūnijs

6月

jūlijs

7月

augusts

8月

septembris

9月

oktobris

10月

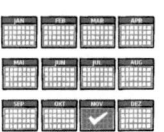

novembris

11月

decembris

12月

formas

形

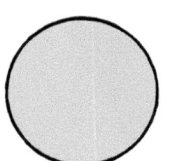

aplis

円

kvadrāts

正方形

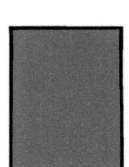

četrstūris

長方形

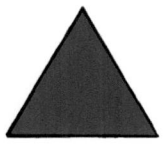

trīsstūris

三角

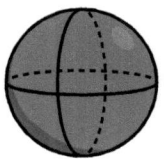

lode

球

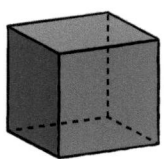

kubs

立方体

balts

白

dzeltens

黄

oranžs

オレンジ

sārts

ピンク

sarkans

赤

lillā

紫

zils

青

zaļš

緑

brūns

茶

pelēks

灰色

melns

黒

daudz / maz

多い ／ 少ない

saniknots / miermīlīgs

怒っている ／
落ち着いている

skaists / neglīts

美しい ／ 醜い

sākums / beigas

初め ／ 終わり

liels / mazs

大きい ／ 小さい

gaišs / tumšs

明るい ／ 暗い

brālis / māsa

兄弟 ／ 姉妹

tīrs / netīrs

清潔な ／ 汚い

pilnīgs / nepilnīgs

完全な ／ 不完全な

diena / nakts

日中 ／ 夜

miris / dzīvs

死んだ ／ 生きている

plats / šaurs

幅広い ／ 狭い

baudāms / nebaudāms

食べられる　/
食べられない

nikns / laipns

悪意のある　/　親切な

satraukts / garlaikots

興奮している　/
退屈している

resns / tievs

太った　/　痩せた

pirmais /pēdējais

最初に　/　最後に

draugs / ienaidnieks

友人　/　敵

pilns / tukšs

いっぱいの　/　空の

ciets / mīksts

硬い　/　柔らかい

smags / viegls

重い　/　軽い

izsalkums / slāpes

空腹　/　喉の渇き

slims / vesels

病気の　/　健康な

nelegāls / legāls

違法な　/　合法な

inteliģents / dumjš

賢い　/　愚かな

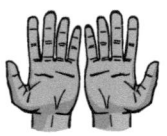

kreisais / labais

左に　/　右に

tuvu / tālu

近い　/　遠い

jauns / lietots

新しい / 中古の

nekas / kaut kas

何もない / 何かある

vecs / jauns

老いた / 若い

ieslēgts / izslēgts

オン / オフ

atvērts / slēgts

開いている /
閉まっている

kluss / skaļš

静かな / うるさい

bagāts / nabags

裕福な / 貧乏な

pareizi / nepareizi

正しい / 間違っている

raupjš / gluds

粗い / なめらか

noskumis / laimīgs

悲しい / 幸せな

īss / garš

短い / 長い

lēns / ātrs

ゆっくり / 速い

slapjš / sauss

濡れた / 乾いた

silts / vēss

温かい / 冷たい

karš / miers

戦争 / 平和

0

nulle

ゼロ

1

viens

1

2

divi

2

3

trīs

3

4

četri

4

5

pieci

5

6

seši

6

7

septiņi

7

8

astoņi

8

9

deviņi

9

10

desmit

10

11

vienpadsmit

11

12
divpadsmit
....
12

13
trīspadsmit
....
13

14
četrpadsmit
....
14

15
piecpadsmit
....
15

16
sešpadsmit
....
16

17
septiņpadsmit
....
17

18
astoņpadsmit
....
18

19
deviņpadsmit
....
19

20
divdesmit
....
20

100
simts
....
100

1.000
tūkstotis
....
1000

1.000.000
miljons
....
100万

angļu
英語

amerikāņu angļu
アメリカ英語

ķīniešu mandarīnu valoda
中国標準語

hindi
ヒンディー語

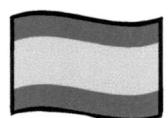

spāņu
スペイン語

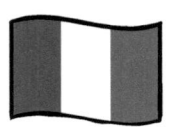

franču
フランス語

arābu
アラビア語

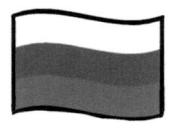

krievu
ロシア語

portugāļu
ポルトガル語

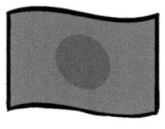

bengāļu
ベンガル語

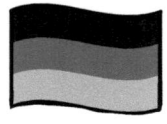

vācu
ドイツ語

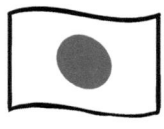

japāņu
日本語

es

私

tu

あなた

viņš / viņa

彼 / 彼女 / それ

mēs

私たち

jūs

あなたたち

viņi / viņas

彼ら

kas?

誰？

ko?

何？

kā?

どうやって？

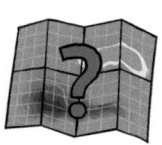

kur?

どこ？

kad?

いつ？

vārds

名前

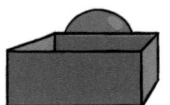

aiz

後ろ

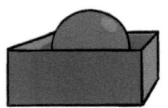

iekšā

中

priekšā

前

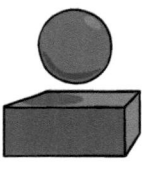

virs

上

uz

上

zem

下

blakus

横

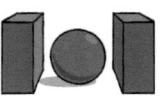

starp

間

vieta

場所